Abrieron el camino

por Mary Lindeen

Tabla de contenidos

Consultora:
Adria F. Klein, Ph.D.
California State University, San Bernardino

capstone classroom

Una líder en la medicina

Las personas no son siempre buenas unas con otras. Tampoco son siempre justas con los demás. A veces necesitan un líder que les recuerde lo que es correcto hacer.

Elizabeth Blackwell (1821-1910) llegó a ser la primera mujer doctora de Estados Unidos. Esta niña tímida creía en sí misma. Creía también que se debía permitir a las mujeres ser doctoras. Tuvo que pedir a 29 escuelas de medicina que la aceptaran como estudiante. Finalmente, una lo hizo. El resto es historia.

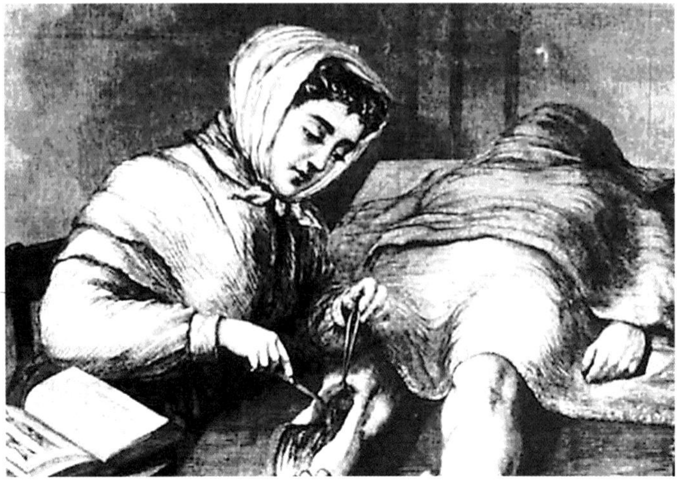

Antes muchos creían que los hombres eran más inteligentes que las mujeres. No creían que las mujeres pudieran entender matemáticas y datos científicos. Elizabeth era la mejor estudiante de su clase. Sabía que su mente operaba tan bien como la de cualquier hombre. Sin embargo, nadie habría contratado a un doctor que fuera mujer.

Elizabeth decidió abrir su propio hospital. Hizo un buen trabajo. Les demostró a todos que una mujer podía ser un buen doctor. En la actualidad, en todo el mundo, las mujeres van a la escuela de medicina y se gradúan de doctoras.

Un líder de los trabajadores

César Chávez (1927-1993) creía que los trabajadores agrícolas debían recibir un trato justo. Él le hablaba a la gente sobre la vida dura de los trabajadores agrícolas. Daba discursos en inglés y en español. Hablaba muy bien. La gente escuchaba todo lo que tenía para decir.

La familia de César se había ido mudando para trabajar en diferentes haciendas. Ellos recogían frutas y verduras. Hacía calor y el trabajo era duro. Les pagaban salarios muy bajos. Pero si se tomaban descansos o si pedían más dinero, los podían despedir. César creía que esto era injusto.

César organizó a los trabajadores en grupos llamados **sindicatos**. Los trabajadores fueron a la **huelga**. Se negaron a seguir trabajando hasta que las cosas no cambiaran. En California marcharon miles de ellos para que cambiaran las leyes. Finalmente, los trabajadores recibieron un trato más justo. César Chávez mejoró la vida de los trabajadores agrícolas.

Una líder en el aprendizaje

Cuando Helen Keller (1880-1968) no tenía ni dos años de edad, se enfermó mucho. Su enfermedad la dejó ciega y sorda. Ella y su familia inventaron maneras para poder comunicarse unas pocas cosas. Pero Helen necesitaba aprender más acerca del mundo. Necesitaba una manera de transmitir sus ideas a los demás.

Otras personas pensaban que Helen no era inteligente. No creían que pudiera aprender. Sin embargo, Helen tuvo una maestra, Annie Sullivan. Ella le enseñó el lenguaje de señas y el sistema **braille**. Muy pronto Helen aprendió las mismas cosas que aprendían los otros niños.

Ya de grande, Helen podía entender a las otras personas poniendo los dedos sobre sus labios mientras hablaban. También aprendió a escribir a máquina y se transformó en una escritora famosa. Demostró que, para aprender, nunca hay que darse por vencido. Siempre hay una manera de enseñar a quien quiera aprender.

Un líder en los deportes

Los afroamericanos no tuvieron siempre los mismos derechos que los blancos. Había leyes injustas que limitaban los lugares donde los afroamericanos podían vivir, trabajar o ir a la escuela. Si no cumplían esas reglas, podían meterse en serios problemas, incluso ir a la cárcel. Sin embargo, algunos valientes lo hicieron. Uno de ellos fue Jackie Robinson (1919-1972).

Jackie fue un beisbolista asombroso. En 1947, fue el primer jugador afroamericano que integró un equipo de la Liga Mayor de Béisbol. A mucha gente no le gustó eso y lo trataban mal. Pero él les demostró que estaban equivocados siendo uno de los mejores jugadores de todos los tiempos.

Las personas empezaron a entender que tratar a los afroamericanos de una manera diferente era injusto. Entonces, cambiaron las leyes. A su manera, Jackie Robinson, Elizabeth Blackwell, César Chávez y Helen Keller fueron todos líderes.

Glosario

braille forma especial de escribir e imprimir para que los ciegos puedan leer con las yemas de los dedos

huelga cuando un grupo de trabajadores deja de hacer su tarea hasta conseguir mejores sueldos o mejores condiciones de trabajo

salarios el dinero que alguien recibe por su trabajo

sindicato grupo de trabajadores que se han unido para pedir mejores sueldos o mejores condiciones de trabajo

Índice